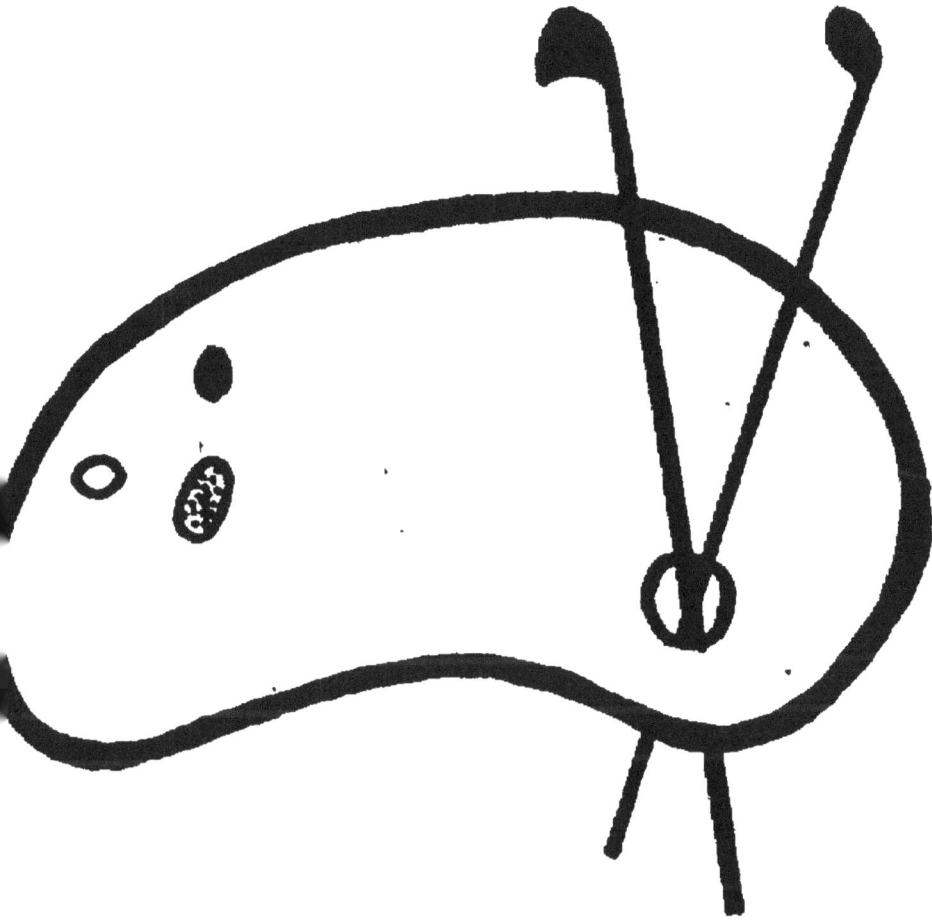

DEBUT D'UNE SERIE DE DOCUMENTS
EN COULEUR

PAUL FERRIER

Calendal

OPÉRA EN QUATRE ACTES

ET CINQ TABLEAUX

TIRÉ DU POÈME DE F. MISTRAL

MUSIQUE DE HENRI MARÉCHAL

PARIS

PAUL OLLENDORFF, ÉDITEUR

28 *bis*, RUE DE RICHELIEU, 28 *bis*,

—

1895

THÉATRE DE CAMPAGNE, recueil de comédies de salon (8 séries ont paru). Chaque série formant 1 vol. grand in-18, est vendue séparément. — Prix 3 50

LE THÉATRE A LA VILLE. recueil de comédies en un acte, par E. Ceillier, gr. in-18 . . . . 3 50

LA PEUR DE L'ÊTRE, comédie en 3 actes, par Emile Moreau et Pierre Valdagne (Menus-Plaisirs), in-18. 2 »

LA MARIÉE RÉCALCITRANTE, comédie-bouffe en trois actes, par Léon Gandillot (Déjazet), in-18 . . . . 2 »

LA PAIX DU MÉNAGE comédie en 2 actes, par Guy de Maupassant, (Comédie-Française), 1 vol. in-18 . . 3 50

« ALLÔ! ALLÔ! » comédie en un acte, par Pierre Valdague (Vaudeville), in-18 . . . . 1 50

LA MAISON DES DEUX BARBEAUX, comédie en 3 actes, par A. Theuriet et H. Lyon (Odéon), in-18 . . . 2 »

LA COURSE AUX JUPONS, comédie en 3 actes, par Léon Gandillot (Déjazet), in-18 . . . . 2 »

LE PARDON, comédie en trois actes, par L. Gandillot (Théâtre-Moderne), in-18 . . . . 3 50

DANS UNE LOGE, comédie en un acte, par Ludovic Denis de Lagarde (Déjazet), in-18 . . . . . . 1 50

ENTRE AMIS, comédie en un acte, par Ludovic Denis de Lagarde (Gymnase), in-18 . . . . . 2 »

LES FEMMES COLLANTES, comédie-bouffe en cinq actes, par Léon Gandillot (Déjazet), in-18 . . 2 »

LE JUSTICIER, drame en six actes et sept tableaux, par le Comte S. Rzewuski, (Ambigu), gr. in-18 . . 3 50

LES FIANCÉS DE LOCHES, vaudeville en trois actes, par G. Feydeau et M. Desvallières (Cluny) . . . 2 »

ANTOINETTE RIGAUD, comédie en trois actes, par Raymond Deslandes (Comédie-Française) . . . . . 2 »

SAPHO, comédie en 1 acte en vers, par Armand Silvestre (Comédie-Française), 1 vol. in-18 . . . . . . 1 50

PRÊTE-MOI TA FEMME, comédie en deux actes, en prose, par Maurice Desvallières (Palais-Royal), in-18 . . . . 1 50

LA COMTESSE SARAH, pièce en cinq actes, par Georges Ohnet (Gymnase), in-18 . . . . 2 »

SERGE PANINE, pièce en cinq actes, par Georges Ohnet (Gymnase), in-18 . . . . 2 »

LE MAITRE DE FORGES, pièce en quatre actes et cinq tableaux, par Georges Ohnet (Gymnase), in-18. 2 »

LA GRANDE MARNIÈRE, drame en huit tableaux, par Georges Ohnet (Porte-Saint-Martin), in-18 . . . 2 »

UN CRÂNE SOUS UNE TEMPÊTE, saynète par Abraham Dreyfus (Gaîté), in-18 . . . . 1 »

DERNIER AMOUR, pièce en 4 actes, par Georges Ohnet (Gymnase), in-18 . . . . 2 »

LE FILS DE CORALIE, pièce en 4 actes, par Albert Delpit (Gymnase), in-18. . . . . 2 »

LA PART DU MARI, comédie en 1 acte, par Pierre Soulaine et Grizel (Vaudeville), in-18 . . . 1 50

CELLES QU'ON RESPECTE, comédie en trois actes, par Pierre Wolff (Gymnase), gr. in-18 . . . . 3 50

LYSISTRATA, comédie en quatre actes, par Maurice Donnay (Grand-Théâtre), gr. in-18 . . . . 3 50

JEAN DARLOT, drame en 3 actes, par Louis Legendre (Comédie-Française), 1 vol. in-18 . . . . . 3 50

AU DAHOMEY, pièce en cinq actes et dix tableaux, par F. Oswald, Gugenheim et Le Faure (Porte-Saint-Martin), in-18 . . . . 2 »

TROIS FEMMES POUR UN MARI, comédie-bouffe en 3 actes, par E. Grenet-Dancourt (Cluny), in-18 . . . . . 2 »

GLYCÈRE, comédie en 1 acte, par Eugène Boyer (Odéon), 1 vol. in-18 . . . . 1 50

DE FIL EN AIGUILLE, pièce en 4 journées, par Léon Gandillot (Théâtre d'Application) 3 50

LA GIFLE, comédie en un acte, par Abraham Dreyfus (Palais-Royal), in-18 . . . . 1 50

PHRYNÉ, opéra-comique en 2 actes, par Augé de Lassus (Opéra-Comique), in-18 . . . . 1 »

DJELMA, opéra en 3 actes, paroles de Ch. Lomon (Opéra), in-18 . 1 »

COMÉDIES EN UN ACTE, par Ernest Legouvé, de l'Académie française, un vol. gr. in-18. — Prix . . 3 50

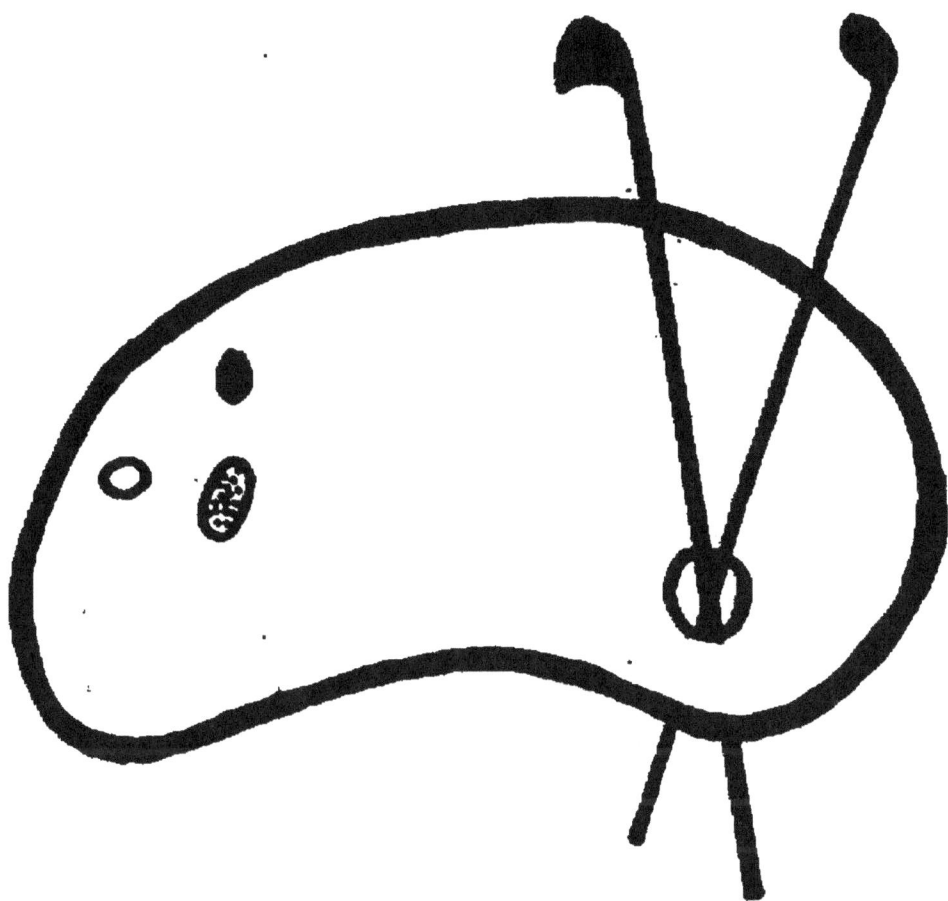

FIN D'UNE SERIE DE DOCUMENTS
EN COULEUR

CALENDAL

OPÉRA EN QUATRE ACTES ET CINQ TABLEAUX

Représenté, pour la première fois, à Rouen, sur le THÉÂTRE DES ARTS,
le 21 Décembre 1894.

CALENDAL

OPÉRA EN QUATRE ACTES

ET CINQ TABLEAUX

TIRÉ DU POÈME DE **F. MISTRAL**

PAR

PAUL FERRIER

MUSIQUE DE HENRI MARÉCHAL

PARIS

PAUL OLLENDORFF, ÉDITEUR

28 *bis*, RUE DE RICHELIEU, 28 *bis*,

—

1895

Tous droits de reproduction, de traduction et de représentation réservés
pour tous les pays y compris la Suède et la Norvège.

PERSONNAGES

CALENDAL, ténor	MM.	Soubeyran.
LE COMTE SÉVÉRAN, baryton . . .		Illy.
LE VIEILLARD, basse		Malzac.
TRENCO, ténor		Jahn.
BOUCARN, baryton		Azaïs.
BELARBRE, basse		Michon.
UN ÉCUYER, choryphée		Sabiani.
DIANE, princesse des Baux, sous le nom D'ESTÉRELLE, au 2ᵉ acte, soprano dramatique	Mᵐᵉˢ	Bonvoisin.
FORTUNETTE, soprano		De Léca.
LA NOURRICE, mezzo-soprano ou contralto		Dupuis.

VASSAUX, VALETS DES BAUX, CHASSEURS, ESTAFIERS, VASSALES ET COURTISANES.

Au troisième acte, danses réglées par madame Pintucci. Exécutées par mesdames Anita Piatti, Cerny, de Carli et le corps de ballet.

En Provence, aux temps héroïques.

CALENDAL

ACTE PREMIER

La grande salle du château des Baux, tendue de riches tapisseries représentant des batailles. — Au fond, une large porte d'entrée, ouvrant sur un préau, par delà lequel s'étend la campagne de Provence. Portes latérales, celle de gauche conduisant aux appartements, celle de droite à la chapelle. — A gauche, au premier plan, table recouverte d'un riche tapis armorié. — Grands fauteuils. — Décoration très lumineuse.

SCÉNE PREMIÈRE

PAYSANS, jouant du fifre et du galoubet, VASSAUX et VASSALES des Baux, puis DIANE et LA NOURRICE.

CHŒUR.

Gloire à notre souveraine !
Gloire à son heureux vainqueur !
La plus belle châtelaine
Au plus brave capitaine
Donne sa main et son cœur !

DIANE, entre par la gauche suivie de sa nourrice. Elle est en costume de mariée.

Mes bons amis, je vous rends grâce
Des vœux que vous venez m'offrir !

1

Pour obéir au dernier de ma race
J'ai pris un chevalier que vous devrez chérir !
Le comte Sévéran deviendra votre maître,
Devenant mon époux, mon guide et mon soutien !
    Amis, puisse son joug vous être
    Aussi doux que l'était le mien !

LE CHŒUR.

Que Dieu, notre souverain maître,
Bénisse ce nouveau lien !

DIANE.

Le comte bientôt va paraître
Du château franchissant le seuil,
Soyez prêts à lui faire accueil !

                  Le chœur remonte au fond.

A sa nourrice en souriant.
Nourrice, en un tel jour, pourquoi seule es-tu sombre ?
Et quel vague souci t'assiège encor ?

LA NOURRICE.

               J'ai peur !

DIANE.

Pourquoi ? N'est-il pas vrai que gloire, amour, honneur,
    Portant son éclat sur mon ombre,
Le comte ait tous les droits d'être maître et seigneur ?

LA NOURRICE.

J'ai peur ! J'ai vu, dans mon rêve, sur la montagne,
Estérelle passer dans l'azur matinal.

DIANE, *souriant.*

Estérelle ?

LA NOURRICE.

    Et toujours un malheur accompagne
Le retour de la fée aux sommets du Gibal !

DIANE.

Nourrice, tu veux donc qu'à mon tour je m'attriste ?

LA NOURRICE.

Non ! non ! c'était un rêve... et saint Michel t'assiste !
F··· ··nc joyeux accueil à ton époux qui vient.
··· ·· ·es ?

DIANE.

Je ne sais.

LA NOURRICE.

Ce doute ?

DIANE.

C'est le mien !

LA NOURRICE.

Ne l'as-tu pas choisi parmi ceux de Provence !
    Car orpheline, et n'ayant d'autre bien
        Que ta beauté, que ta naissance,
De hauts seigneurs pourtant aspiraient à ta main ?

DIANE.

L'ai-je choisi moi-même ? Est-ce la Providence
        Qui, le mettant sur mon chemin,
A voulu me dicter sa volonté suprême ?...
Tu te souviens qu'un soir près de ce castel même,
Par des bandits surprise et mourante d'effroi,
J'allais périr, quand il parut prompt et superbe,
Chassant les malandrins acharnés après moi...
Comme sous l'ouragan s'inclinent les brins d'herbe,
Ainsi se prosternaient les bandits devant lui !
        Puis quand leur troupe vile eut fui,
Pour prix de mon salut, pour prix de sa prouesse,
De mon trouble, de ma frayeur, de ma faiblesse,
    Avec une grande expression de dignité.
Il obtint le serment que je tiens aujourd'hui !

    Mouvement de la nourrice. — Trompettes au dehors.
C'est lui !...

SCÈNE II

LES MÊMES, LE COMTE, UN ECUYER,

LE COMTE, entrant du fond, à l'Ecuyer, violent.

Non ! Point de pitié, qu'on le pende !

DIANE.

De grâce,

Qui donc ?

LE COMTE.

De ces vassaux il faut punir l'audace !
Un paysan, je crois, chassait près de ce lieu,
C'est votre droit, belle Diane,
Le mien bientôt que je défends ici !
— Qu'on le pende !

DIANE.

En un jour tel que celui-ci ?

LE COMTE.

Pourquoi non ? La loi le condamne !

DIANE, vivement.

Mais la pitié l'absout !

LE COMTE, après un silence, et se radoucissant.

Qu'il en soit donc ainsi !
Vous pardonnez et je pardonne !
Vous avez trop bien dit, baronne.
Ce jour à nul ici, ne doit être fatal !

A l'Ecuyer.

Qu'il aille en paix...

Diane et le Comte descendent à gauche.

LA NOURRICE, à part, à l'Ecuyer.

Vous, son nom !

L'ÉCUYER, de même.

Calendal !

Il sort au fond.

LE COMTE, galant.

Vous le voyez, je suis à vous, madame,

Et l'amour, grand magicien,
Fait courber devant vous, un front qui, sur mon âme!
Ne s'est incliné devant rien!

DIANE.

De cet abaissement prendriez-vous ombrage
Et redouteriez-vous les chaînes de l'amour?

LE COMTE.

Non! si l'ardent transport qui fit mon vasselage
Me vaut que, désormais vous m'aimiez en retour!

Trop longtemps, triste et solitaire
Sous ces créneaux silencieux,
Vous avez d'un profond mystère
Caché l'éclat de vos beaux yeux!
Que l'hymen déchire le voile!
Et que rayonnante d'amour,
Il rende sa plus belle étoile
Au firmament de notre cour!

Ensemble.

DIANE, LA NOURRICE, à part.

Ses doux aveux, sa voix pressante
De tes terreurs
De mes terreurs me font rougir.

LE COMTE, à part.

Pâle et craintive elle est charmante
Et son trouble a su la trahir.

Trompettes au dehors. — Entre la suite du comte.

TRENCO, BOUCARN, BELARBRE, et quelques autres, à la
princesse, avec un empressement affecté.

De votre noblesse
Recevez, princesse,
Et les hommages et les vœux!
Tous bons gentilshommes,
Madame, nous sommes
Les esclaves de vos beaux yeux!

LE COMTE, les présentant.

Ce sont mes compagnons, gens de cœur et de race,
Gloire et terreur de la montagne où nous régnons!
Gauches sous le velours plus que sous la cuirasse,
A vous les nommer tous sans que je m'embarrasse,
Gens de race et de cœur, ce sont mes compagnons!

LA NOURRICE, à part.

Singuliers compagnons!

L'ÉCUYER, entrant de droite.

L'autel attend les fiancés!

LE COMTE.

Princesse!
Venez! L'heureux moment tardait à ma tendresse.

LE CHŒUR.

Gloire à notre souveraine,
Gloire à son heureux vainqueur,
La plus belle châtelaine,
Au plus brave capitaine
Donne sa main et son cœur.

Tous sortent, (le comte donnant la main à Diane,) sauf Trenco,
Boucarn, Belarbre et quelques autres.

SCÈNE III

TRENCO, BOUCARN, BELARBRE, quelques autres,
puis LE CORTÈGE.

BOUCARN.

Nous qui n'allons pas à l'église,
Pêcheurs au diable inféodés,
Liberté de faire à sa guise.
Nous sommes seuls, jouons aux dés!

ENSEMBLE.

Fortune inconstante

Qui nous fais la loi,
Trompe leur attente
Ne souris qu'à moi !

On joue.

BOUCARN, à Belarbre, assis en face de lui à la table.

Vingt ducats ?

BELARBRE, s'asseyant.

Je les tiens !

Ils jouent.

TRENCO, debout et philosophant à côté d'eux.

Ah ! c'est vraiment un rêve !

BOUCARN, tout en jouant.

Quelque sorcier protège Séveran.

TRENCO, même jeu.

Piller n'est rien, ni batailler sans trêve ;
Mais épouser, lui proscrit, mis au ban,
La princesse des Baux dont le choix le relève
Est-ce donc qu'il a fait un pacte avec Satan ?

BOUCARN, jouant.

Sept.

BELARBRE, de même.

Neuf.

BOUCARN, tout en jouant.

Que craignons-nous ?

TRENCO.

Eh ! que l'orage crève !
Et que tout croule ainsi qu'un songe qui s'achève :
La belle, le castel et nous.

BOUCARN, haussant les épaules.

Doublons l'enjeu.

BELARBRE, riant.

Crains de te faire battre.

Jouant.

Deux et trois.

BOUCARN, jouant.

Trois et cinq.

BELARBRE, même jeu.

Six et deux.

BOUCARN, même jeu.

Six et quatre.

PLUSIEURS, à part.

Ça, corrigerait-il les caprices du jeu ?

BELARBRE, jouant.

Cinq !

BOUCARN, jouant.

Douze !

BELARBRE.

Trahison !

BOUCARN.

Morbleu !

On tire les épées.

ENSEMBLE.

Beau prodige !
Le soudard,
Il corrige
Le hasard !
Manche à manche !
Lutte franche !
La revanche
Au poignard.

On entend l'orgue.

TRENCO.

La paix ! Rengaînez vos rapières !
Silence, chiens de musulmans !
Aux voix qui disent des prières,
Ne mêlez pas vos jurements !...

CHŒUR, au dehors, avec accompagnement d'orgue.

Dieu bon, Dieu créateur du ciel et de la terre,

Dieu d'Abraham et de Sion,
Regarde avec bonté le sacrement austère
Et sur ce qui se fait par ton saint ministère,
Répands ta bénédiction !

LE CHŒUR, en scène, à mi-voix.

Fortune inconstante,
Etc.

Rentrée du cortège.

TRENCO, BOUCARN, DELARBRE.

On vient ! La chose est faite !
Observons-nous !

On voit paraître au fond un vieillard misérablement vêtu ; il
s'arrête un moment, regarde et passe. Il est vu seulement de
Trenco qui demeure interdit à l'écart.

TRENCO, apercevant le vieillard.

Dieu ! quel est ce vieillard sinistre ?

TOUS LES CHŒURS.

Honneur et fête,
Aux deux époux !
Et sur vos pas d'amour suivie,
Dame d'Aiglun,
Que tout vous soit en cette vie,
Joie et parfum !

SCÈNE IV

Les Mêmes, LE COMTE, DIANE, Les Vassaux,
LA NOURRICE, puis LE VIEILLARD.

DIANE, au comte.

J'ai remis dans vos mains toute ma destinée !
Ma vie est vôtre désormais !

LE COMTE.

Qu'elle soit glorieuse autant que fortunée,

3.

Et qu'exauce le ciel les vœux que tu formais.

*Tous deux remontent. Le vieillard, après s'être perdu un mo-
ment dans la foule, reparaît au premier plan et se trouve face
à face avec Trenco.*

TRENCO, vivement.

Que veux-tu, bonhomme?

LE VIEILLARD, sombre.

Arrière!

TRENCO, s'avançant d'un pas.

Sans autre prière,
Va porter ailleurs ton ennui!

Il veut le chasser.

LE VIEILLARD.

Arrière!

LE COMTE.

Qu'est-ce donc?

Se retournant et reconnaissant le vieillard.

Lui!

LA NOURRICE, à part.

Je frémis sous ce regard!

DIANE, au vieillard.

Que veux-tu, sombre vieillard?

LE VIEILLARD, très solennel.

Tremblez, voilez-vous la face,
Du vainqueur brisant le char,
Je viens graver la menace
Sur les murs de Balthazar!

LA SUITE DU COMTE.

Vieillard, ton audace est forte,
D'entrer céans, l'œil hautain!

LES VASSAUX.

Vieillard, tiens, prends et remporte
Un peu d'or, un peu de vin!

LE VIEILLARD, après un long regard au comte.

Je ne viens point quêter, seigneurs, et je dédaigne
Et vos reliefs et vos mépris,
A ce joyeux hymen où l'allégresse règne,
Je ne viens chercher que mon fils!

LA SUITE DU COMTE.

Ton fils!

Rires.

Ah! ah!

LE VIEILLARD, glacial.

Au mensonge jamais ma lèvre ne se plie,
Et tu connais mon fils, superbe marié!

LE COMTE.

Assez!

LE VIEILLARD.

Tel que la mort, sans être convié,
Je viens aux lieux où l'on m'oublie!

LE COMTE, exaspéré.

Ah! retourne plutôt à l'enfer d'où tu sors,
Fantôme!... Et vous frères...

LE VIEILLARD, sur un mouvement de quelques-uns de la suite.

Arrière!
Du dernier des forfaits, laissez-lui le remords!
C'est au fils de frapper son père!

DIANE.

Son père!

LE COMTE, menaçant.

Malheureux!

LE VIEILLARD.

Silence, ma colère
Brave ta puissance éphémère!

Faisant un pas vers le comte.

Tu m'as trahi, volé, dépouillé, cœur sans foi!
Tes crimes sont sans nombre, et chassé par ton roi...

LE COMTE, *menaçant.*

Vieillard maudit!

DIANE, *se jetant entre eux.*

Ah!

LE VIEILLARD, *à la princesse.*

Toi, pauvre ange,
Ne laisse pas souiller ton aile à cette fange!
Ton époux est...

LE COMTE.

Tais-toi!...

LE VIEILLARD.

C'est un chef de bandits!

TOUS.

O ciel!...

LE COMTE.

Diane!

DIANE.

Arrière!...

LE COMTE.

Je vous aime!

DIANE.

Ce mot, sur votre lèvre, est un nouveau blasphème!
Lâche et félon!

LE COMTE.

Sois à moi!
Devant ton Dieu tu m'as donné ta foi!

DIANE.

Tu l'as volée!

LE COMTE.

Eh bien, mes compagnons...

DIANE, se jetant dans les bras du vieillard.

Mon père!

LE VIEILLARD.

Fuis! Je te défendrai! Ta douleur est mon deuil!
Je brave leur vaine colère,
Et le vieillard défend ton seuil!

Diane fuit au fond. Le comte et les estafiers se ruent sur la porte
que défendent le vieillard, la nourrice, l'écuyer et les vassaux.

LES ESTAFIERS.

Enfer!

LES VASSAUX.

Bandits!

LE COMTE, au vieillard.

Crains ma fureur!

LE VIEILLARD.

Vaine menace!
Mais grand Dieu, donnez-moi la force!... Juste Dieu!

Chancelant.

Mon cœur s'éteint!... mon sang se glace!...
Le voile de la mort sur moi descend! Adieu!
Celui qui de nos jours décide,
M'appelle à temps parmi les morts,
Clément encor, il veut du parricide
T'épargner le dernier remords!
Sois maudit!... je meurs!...

Il meurt.

TOUS, s'écartant du comte.

Ah!... maudit!

LE COMTE, après une hésitation.

Maudit!... Qu'importe!
A moi la belle et le château!

Mêlée. — Combat.

Rideau.

ACTE DEUXIÈME

Les sommets du mont Gibal dans l'Esterel. A gauche, au flanc de
la montagne, une anfractuosité de roches. — A droite, un sentier qui
se perd dans la coulisse. — Une sorte de terrasse abrupte relie les
deux massifs de droite et de gauche et laisse voir la mer de Provence
à l'horizon. — Paysage, bruyères, sumacs, lentisques, térébinthes,
lauriers, myrtes et genêts.

SCÈNE PREMIÈRE

Le crépuscule. — On voit passer au loin sur l'arête des rochers, une
    ombre blanche, c'est DIANE. — Elle descend lentement jusqu'au
    premier plan de gauche et vient s'asseoir sur une roche avec l'ex-
    pression du plus grand accablement. Plus tard, des CHASSEURS,
    qui descendent lentement le sentier.

DIANE.

Que de jours écoulés !... Ce désert me protège!
On n'ose qu'en tremblant gravir ces monts maudits
Et, toujours seule, avec la terre pour cortège
J'erre sur ce rocher qu'un cruel sortilège
        Rend redoutable aux plus hardis!
Moi! c'est moi! mon époux est un chef de bandits!
O désespoir! J'ai fui! la mort m'eût semblé belle,
        Mais Dieu n'a pas voulu de moi!
Sous ce blanc vêtement le pâtre qui me voit
Presse le pas, se signe et croit voir Estérelle,
        La dure fée objet de son effroi!

Silence.

Estérelle! Et pourtant c'est ainsi qu'il m'appelle
Celui qui dédaigneux d'un prestige fatal,
        De m'approcher eut le courage!...
Celui qui me jura d'un cœur simple et loyal
        Un amour.. qu'hélas! je partage!
            Calendal! Calendal!
O vous, prince des Baux dans la sombre chapelle,
    Où vous dormez sous l'aile de la foi,
Qui vous eût dit qu'un jour, sous le nom d'Estérelle
Un pauvre paysan serait aimé de moi!
        Inconnue et maudite, il m'aime,
        Il est bon, fier et généreux!
        Mais je le sens, son amour même
        Ne fait mon sort que plus affreux!
        A ce doux rêve qui m'enivre
        Il faut fermer son cœur loyal!
Pourquoi, mon Dieu, me condamner à vivre
        Si je ne puis vivre pour Calendal?

        Appel de voix au dehors.

...On approche!... ces voix, ces chants sont un signal
Pour les pâtres perdus aux sommets du Gibal!

        *Diane remonte lentement pendant le chœur qui suit et disparaît
        derrière le rocher à gauche, au moment où paraissent les
        chasseurs.*

            CHŒUR, au dehors.

        Bientôt le soleil, sous les vagues,
        Va plonger son globe de feu.

            Echo.

        Et déjà sur le ciel moins bleu,
        Monte la lune aux lueurs vagues!

            Echo.

        Pressons le pas, alerte, amis,
        La nuit descend sur la nature!

            Echo.

        Hardi qui, la nuit, s'aventure
        Dans ces lieux aux démons soumis!

            Echo.

Les chasseurs entrent en scène. — On entend au loin sonner
l'Angelus.

LE CHŒUR.

Mais du hameau voisin déjà la cloche sainte
Annonce le jour qui s'enfuit!
Allons!... Un bruit de pas!... Quel mortel peut sans crainte
Monter l'étroit sentier à cette heure de nuit?

SCÈNE II

LES MÊMES, CALENDAL. Il est en habits de chevalier, épée et
manteau; il paraît au fond sur les rochers qui arrivent au théâtre.

CALENDAL.

Dieu vous garde, chasseurs!

LE CHŒUR.

Messire, Dieu te garde!...
Cette route est mal sûre, et nul ne s'y hasarde,
Quand l'ombre enveloppe les cieux!

CALENDAL.

Je l'ose, cependant!

Il fait un pas.

LE CHŒUR.

Arrête, audacieux!
Le danger que tu cours, le connais-tu?

CALENDAL.

Peut-être!

LE CHŒUR.

Sais-tu que si devant tes pas,
Estérelle vient à paraître,
C'est la démence ou le trépas!

CALENDAL, avec éclat.

Non! ce n'est le trépas, frère, ni la démence!
C'est l'amour dans sa gloire et dans son idéal!

LE CHŒUR.

Eh! mais qui donc es-tu, toi qui prends sa défense?

CALENDAL, rejetant son manteau.

Si ce n'est qu'on m'oublie après si courte absence,
Reconnaissez-moi donc!

LE CHŒUR.

Calendal! Calendal!
Mais cette épée, et ces habits?

CALENDAL.

C'est ma conquête!
C'est pour avoir servi mon prince avec bonheur!
Dans la bataille, aux coups mortels, j'offrais ma tête,
Et cherchant le trépas, j'ai rencontré l'honneur!

LE CHŒUR.

Ah! crains encore, crains les pièges d'Estérelle!
Ne te damne pas pour elle!

CALENDAL.

Estérelle n'est pas un spectre décevant,
N'en croyez point une fausse légende,
Qu'à la veillée on nous conta souvent...
Car bien des fois, j'ai vu, moi-même, sur la lande,
Estérelle venir dans un frisson du vent!

LE CHŒUR.

Toi?

CALENDAL.

Comme il en advint, je n'en fais pas mystère.

Un soir, je chassais seul sur le mont solitaire,
Aux dernières clartés du jour,
Blanche dans la blanche lumière,
Elle m'apparut, calme et fière,
Comme un premier songe d'amour!
Et moi, craignant que ce doux rêve
Ne s'effaçât devant mes yeux,
Je m'agenouillai sur la grève,
Extasié, silencieux!...

Puis, lorsqu'enfin, j'osai lever les yeux vers elle,
Elle s'évanouit comme un songe moqueur.
Mais fée ou vierge, toute austère et toute belle,
Dans les plis de son voile elle emportait mon cœur!

LE CHŒUR.

Fatale rêverie, et passion funeste!

CALENDAL.

Non! car je la revis cette beauté céleste,
Sur la montagne, et dans l'obscurité des nuits!
Mon culte a triomphé de sa froideur altière!
Mon respect a touché son âme chaste et fière,
Et son amour a fait de moi ce que je suis!

Mouvement parmi les autres.

Ah! raillez-moi si je reviens près d'elle,
Mais n'accusez pas Estérelle!

A sa promesse je veux croire,
Je reviens fidèle et vainqueur,
Et, lui devant toute ma gloire,
Je lui devrai tout mon bonheur!

La nuit est venue pendant ce qui précède.

LE CHŒUR.

Quelle serait donc cette femme?

CALENDAL, après un court silence.

Je viens le lui demander!

LE CHŒUR.

Malheureux, c'est ton âme
Que tu vas hasarder!

Aux autres.

Sa folie est sans remède!
Une dernière fois, viens-tu?

CALENDAL.

Je reste!

LE CHŒUR.

Hélas!

Le ciel te soit en aide!

CALENDAL.

Je ne crains rien!

LE CHŒUR.

Hâtons le pas!

Sortie du chœur.

Pressons le pas, alerte, amis,
La nuit descend sur la nature!

Echo.

Hardi qui, la nuit s'aventure,
Dans ces lieux aux démons soumis!

Echo.

SCÈNE III

CALENDAL, puis DIANE.

Nuit complète. — Lune.

CALENDAL, *écoutant le chœur qui se perd au loin.*
Ils s'éloignent enfin!...

Appelant.

Estérelle!... Estérelle!...

DIANE, *paraissant sur l'arête des rochers et semblant une blanche
apparition sur le fond sombre du ciel.*

Calendal!

CALENDAL.

Qu'elle est belle!

DIANE,

Calendal, chaque jour,
J'attendais ton retour!

Elle descend près de Calendal.

Ensemble.

CALENDAL.

Tu m'attendais! douce parole,
Qui d'espoir enivre mon cœur!
Tu m'attendais! Que de douleur
Ce seul mot efface et console!

DIANE.

Je t'attendais! vers toi s'envole
Mon triste cœur cherchant ton cœur!
Je t'attendais! Que de douleur
Ton retour efface et console!

CALENDAL.

Eh bien, cette fois, Estérelle,
Désarmerai-je ta rigueur?
Si tu m'aimes, sois moins cruelle!
Je reviens fidèle,
Je reviens vainqueur!

DIANE.

Je le sais! J'écoutais, derrière cette roche,
Ton récit, et les vains discours de tes amis!

CALENDAL.

A l'heure où je reviens sans peur et sans reproche,
Puis-je espérer le salaire promis?

DIANE, à part.

Hélas!

CALENDAL.

Quoi?... Tu te tais? Que redouter? que croire?...

DIANE.

Lorsque l'humble chasseur, j'en ai gardé mémoire,
Osa m'ouvrir son cœur enamouré de moi,
Je t'avais dit qu'obscur, sans fortune ni gloire,
Tu serais trop chétif pour obtenir ma foi!
Mais tu voulus alors, haussant ta destinée,
Gagner l'éperon d'or, ce fer et ce collier!...

CALENDAL.

Laisse donc allumer les flambeaux d'hyménée!
Tu ne rougiras pas d'un époux chevalier!

DIANE, à part.

Ah! si Dieu n'avait point maudit cet hyménée,
Je ne rougirais pas d'un époux chevalier!

CALENDAL.

Que les astres des nuits claires
Ecoutent pieusement,
Et que ces monts solitaires
Recueillent notre serment!

DIANE, à part.

O douleur! Le ciel lui-même,
De mon sort double l'horreur!
Pourquoi faut-il que je l'aime,
Si je dois fermer mon cœur!

CALENDAL, l'attirant.

Viens!

DIANE.

Pitié!

CALENDAL, l'enlaçant dans ses bras.

Sois à moi! Sur mon cœur, viens, amie!
Libres, aimants, fermons le livre du passé!
Regarde autour de nous la nature endormie
Dans les bras de l'été, son ardent fiancé!
Tout nous parle d'amour! c'est l'éternel mystère
Que chantent la montagne et la vague!

DIANE.

Tais-toi!

CALENDAL.

C'est la soif! C'est le cri! C'est l'hymne de la terre!

DIANE.

Tais-toi!

CALENDAL.

Je t'aime!

DIANE, s'arrachant de ses bras.

Non! non! va-t'en, laisse-moi!

CALENDAL.

Tu me repousses?...

DIANE.

Je le doi!...

CALENDAL.

Et sans espoir?...

DIANE.

Du sort c'est l'implacable loi!

CALENDAL, avec éclat.

Ah! voilà donc le prix de tant d'amour? — C'est toi,
Oui, c'est toi, la fée Estérelle!
L'horreur populaire a raison!
Tu jettes le masque, cruelle,
Et je sens dans mon sein ruisseler ton poison!
Eh bien, triomphe donc, perfide enchanteresse!
Si mon amour n'est rien, si mes larmes sont peu,
S'il faut au prix du sang acheter ta tendresse...
O mort, ouvre tes bras!

Il tire son poignard pour se frapper.

DIANE, écartant le poignard et se jetant dans ses bras.

Mon Dieu!

CALENDAL, après un silence.

Ne veux-tu pas de moi?... réponds!...

DIANE, à part.

Infortunée!

CALENDAL.

Tu me hais donc bien?

DIANE, à part.

Honteux hyménée!
Exécrable lien!

L'orchestre joue en sourdine la marche nuptiale du premier acte.

A Calendal, d'une voix sourde.
De la dame des Baux, peut-être,
Les malheurs sont connus de toi ?

CALENDAL.

Oui, j'ai plaint sa douleur et j'ai maudit le traître,
Mais poursuis, je frémis! La princesse...

DIANE.

C'est moi !

CALENDAL.

La princesse des Baux, c'était toi !
S'écartant avec respect.
Vous, madame !

DIANE, avec agitation.

Oui, c'était moi! Vois-tu tout ce que j'ai souffert?
L'affront d'un hyménée infâme,
Et la fuite! et l'exil! et la faim!... le désert
Où me protège encor la terreur populaire,
Où le fatal renom d'Estérelle me sert
A cacher avec ma misère
La honte d'être à Sévéran !

CALENDAL, sombre.

Vous souvient-il que le jour même
Où cet homme acheta votre main d'un blasphème
Un pauvre paysan allait être sa proie?

DIANE.

Oui. Eh bien?

CALENDAL.

C'était moi !

DIANE.

Dieu !

CALENDAL.

Enivrante joie!
Te sauver à mon tour! Te sauver!

DIANE.

Où vas-tu ?

CALENDAL, terrible.

Le chercher !.. le jeter à tes pieds abattu !

DIANE.

Calendal !

CALENDAL.

Il mourra !

DIANE.

Ta colère est trop prompte !
Ne souille pas de sang nos si pures amours !

CALENDAL.

En un loyal combat je frapperai le comte,
Je veux briser les fers qui flétrissent tes jours.

Avec élan.

Т'abandonner, toi chaste et pure,
A ce bandit au cœur de fer ?
Il doit mourir, je te le jure,
La main ouverte dans l'enfer.

DIANE.

Ami, vingts estafiers armés gardent la porte
Qui se ferme sur Sévéran !

CALENDAL.

Fussent-ils vingt mille, qu'importe !
Au milieu des démons j'irais chercher Satan !

ENSEMBLE.

CALENDAL.

Ne crains pas qu'à la mort je coure !
J'ai pour secours l'amour et Dieu,
J'ai mon épée et ma bravoure...
Au revoir et non pas adieu !

DIANE.

De terreurs l'univers m'entoure,

J'appelle en vain l'aide de Dieu,
Je tremble devant ta bravoure...
N'est-ce pas ton dernier adieu ?...

Après une étreinte passionnée, les deux amants se séparent. —
Calendal descend le chemin par lequel il est arrivé. — Diane
se laisse tomber à genoux.

Rideau.

————

ACTE TROISIÈME

Le sommet du plateau sur lequel s'élève le château des Baux. — A gauche, deuxième plan, grosse tour crénelée dont on voit la poterne et le pont-levis praticable. — Au premier plan et se reliant au château, la façade en pan coupé d'une petite chapelle. Au-dessus de la porte une fresque à fond d'or représente saint Michel terrassant le dragon. — Au fond, mur crénelé et très bas par delà lequel on aperçoit le désert de la Crau. — A droite, massifs d'arbres.

SCÈNE PREMIÈRE

TRENCO, BOUCARN, QUELQUES VALETS, puis
BELARBRE, puis CALENDAL.

TRENCO, BOUCARN, donnant des ordres aux valets qui dressent
des tables et portent des mets et des bouteilles.

Dressez les tables à cette ombre !
Entassez les flacons, délices du buveur !
Ce sont ennemis dont le nombre
Jamais n'effraya monseigneur !

QUELQUES ESTAFIERS, entrant de droite, à Boucarn.

Plus blonde que les blés et belle comme un rêve,
Une enfant de quinze ans traversant le coteau,
Mène aux champs son troupeau...

BOUCARN.

Lestement qu'on enlève

Et la bergère et le troupeau !

Trenco approuve. — Ils sortent.

QUELQUES AUTRES, entrant de gauche, à Trenco.

A cent pas du castel, suivant l'étroite route
D'aventureux marchands, vassaux de la maison
Escortent un convoi...

TRENCO.

Qu'on les mette en déroute
Et qu'on pille la cargaison !

Boucarn approuve. — Ils sortent.

BELARBRE, entrant du fond.

Un cavalier, seul et sans équipage,
Qui ne dit pas son nom et nous est inconnu...

CALENDAL, entrant sur ses pas.

A Séveran j'apporte un tel message
Que j'ai lieu d'espérer d'en être bienvenu !

TRENCO, BOUCARN, BELARBRE, le regardant d'abord avec
surprise. — Avec intention.

Monseigneur chasse dans la plaine,
Mais voici le déclin du jour,
Et si tu viens à lui sans colère ni haine,
Libre à toi, cavalier, d'attendre son retour !

Ils sortent tous sauf Calendal.

SCÈNE II

CALENDAL, seul.

Te voilà donc, castel des Baux, nid de colombes
Que se partagent les vautours !
Salut, créneaux altiers ! Salut, antiques tours !
Salut, chapelle, où dans leurs tombes,
De l'éternel sommeil dorment tant de héros !
C'est là que naquit Estérelle !

C'est là que son époux règne sur des bourreaux !
Et profane ce toit qu'il a conquis sur elle !

O toi, vieux manoir des aïeux,
Qui fus l'abri de son enfance,
De ce passé tout radieux
As-tu gardé la souvenance ?
Un devoir terrible et pieux
M'amène enflammé de vengeance !
Et toi que je viens punir,
Regarde la mort venir !...
O vieux manoir de son enfance,
As-tu gardé sa souvenance ?

Fanfares de chasse au dehors.

Voici l'heure suprême !

Se tournant vers la chapelle.

Grand saint qu'Estérelle elle-même
Implora si souvent ! Ange des fiers combats,
Je me veux à tes pieds prosterner sur la pierre ;
Du haut de ta nuée, arme, par la prière,
Et mon cœur et mon bras !...

*Il entre dans la chapelle au moment où les estafiers et les cour-
tisanes entrent en scène par le fond.*

SCÈNE III

ESTAFIERS, COURTISANES, VALETS, puis
LE COMTE SÉVERAN et FORTUNETTE,
puis CALENDAL.

LE CHŒUR.

I

Quel plaisir ! Quelle journée
Fortunée !

Quel cerf vaillamment chassé !
Sous les coups de notre sire
Il expire
Terrassé !

II

Et tandis que de curée
Altérée,
La meute aiguise ses crocs,
Il faut boire,
A pleins brocs !

Pendant ce chœur les valets ont servi.

LE COMTE.

Buvons ! Loin des travaux, loin des ennuis,
A nous les vieux vins et l'ivresse !
A nous l'amour et la paresse,
Les beaux jours et les belles nuits !

Aux courtisanes.

Belles aux cœurs peu sévères,
Charmantes fleurs de cet heureux séjour,
Belles, emplissez nos verres,
Versez, versez, et l'ivresse et l'amour !

LE CHŒUR.

Buvons ! Loin des travaux et des ennuis,
A nous les vins vieux et l'ivresse,
A nous l'amour et la paresse,
Les beaux jours et les belles nuits !

Les maîtres se sont attablés. — Séveran, Treaco, Boucara et
Belarbre.

SÉVERAN, à Fortunette qui est restée à l'écart.

Viens-tu pas, Fortunette ?

FORTUNETTE, coquette.

Ordonnez, monseigneur, j'obéis.

SÉVERAN.

Non, Brunette,
Il n'est pour commander ici que toi !

2.

FORTUNETTE, avec malice et tout à l'heure ironie.

Vraiment?

Maîtresse de hasard d'un infidèle amant,
Aujourd'hui favorite et demain délaissée,
Comme je l'ai franchi, je franchirai ce seuil;
Et je m'attends qu'un jour l'affront d'être chassée
Soit le prix de mon vain orgueil!

SÉVERAN, riant.

Ah! Ah! Pardieu ton sort vaut-il cette tristesse
Et que te manque-t-il, châtelaine et comtesse?

FORTUNETTE.

Ce sont titres, seigneur, qui ne sont pas à moi,

Avec intention.

Une autre...

SÉVERAN, se levant, avec colère.

Par l'enfer, tais-toi!

A part.

O fureur vengeresse!

A mix-voix.

Si je savais!...

FORTUNETTE.

Vous l'aimez encor?

SÉVERAN, haut et avec emportement.

Je la hais!
Sur tous ceux qui l'ont défendue,
Ma main de fer s'est étendue.
Mon bras a frappé sans pitié
Mais il me faut encor sa vie,
Et ma vengeance inassouvie,
N'est satisfaite qu'à moitié!
Tremble, orgueilleuse châtelaine,
Pour tes mépris et pour ta haine,

Je veux...

TRENCO, BOUCARN, BELARBRE et LE CHOEUR, qui
depuis quelques instants cherchent à intervenir.

Buvons! Loin des travaux, loin des ennuis,
Etc...

Pendant que les courtisanes cherchent à ramener Séveran vers
la table, Trenco, Boucarn, Belarbre prennent à part Fortunette.

TRENCO, BOUCARN, BELARBRE.

Que le diable t'emporte
D'éveiller de la sorte,
Cet affreux souvenir,
Et crains que ton langage
Lui rappelle l'outrage,
Qu'il brûle de punir !

SÉVERAN, fiévreusement et le chœur.

Versez ! Loin des travaux, loin des ennuis...
Etc...

L'orgie commence.

LE COMTE, se tournant, le verre en main vers la chapelle.

Et toi que ne se faisaient faute
D'implorer les sires des Baux,
Archange saint Michel, que dis-tu de ton hôte,
Et des chants qui font suite aux cantiques dévots ?

Rires impies. — Tout à coup, Calendal paraît à la porte de la chapelle. — Stupeur.

TOUS.

Qu'ai-je vu ?

CALENDAL, souriant.

N'ayez crainte !
Je ne suis pas le saint que vous bravez !

LE COMTE, violent.

Holà !
Qui t'a donné le droit de franchir cette enceinte ?

CALENDAL.

Mon caprice... et l'ami fidèle que j'ai là !

Il montre son épée.

LE COMTE.

C'en est trop ! Qu'on l'arrête !

Les estafiers s'avancent.

CALENDAL, *tirant son épée.*

Arrière,
Mes bons seigneurs ! Qu'un de vous fasse un pas
Et je l'étends dans la poussière !
Maugrebleu ! ne nous fâchons pas !

LE COMTE, *après un silence, à Trenco :*

J'aime assez cette audace
Qui méconnaît la peur !
M'oser braver en face
Trahit un noble cœur !

Rudement, à Calendal :
Enfin, que veux-tu ?

CALENDAL.

Te connaître !

LE COMTE.

Vraiment, mon maître !
Viens donc et buvons.
Je daigne oublier ton injure,
J'aime la franche allure
Des hardis compagnons.

Aux autres.
Sa bravoure me plaît !

A Calendal.
Approche, camarade !
Les beautés que voici te verseront rasade !
Car cette roche est haute et l'azur étouffant !
Puis, si le cœur t'en dit, passe avec nous ta vie !

CALENDAL.

A de plus hauts destins le ciel qui me convie
De vos plaisirs me garde et me défend !

LE COMTE, surpris.

Oui-dà !

FORTUNETTE, coquette.

Le cavalier, peut-être,
Est amoureux ?

LE COMTE, lui montrant les courtisanes.

Alors, regarde et choisis, maître,
Et sois heureux !

CALENDAL.

D'aimer celle que j'aime,
Je l'atteste ici-même,
Rien ne peut me guérir !
Et c'est pour l'amour d'elle
Que, vaillant et fidèle,
Je veux vivre et mourir !

LE COMTE, railleur.

Vivre et mourir pour l'amour d'elle !
C'est trop beau pour être bien vrai !

À Fortunette.

Qu'en penses-tu, la belle ?

FORTUNETTE, regardant Calendal, à demi-voix, au comte.

Le succès est douteux ; mais je le tenterai !

LE COMTE.

Ça, mes amis, faisons fête à notre hôte,
Sachez le retenir, belles, auprès de vous !
Ce ne sera que votre faute
S'il refuse demain de rester parmi nous !

FORTUNETTE, avec coquetterie.

Le cavalier demain restera parmi nous !

Séveran, qui ne quitte pas de l'œil Calendal, l'invite à prendre
place près de Fortunette.

DANSE

1° — Entrée en forme de marche.
2° — LA MARTEGALE. Danse plus vive que la première.
3° — LA REVERGADE. Pantomime et danse.
4° — Chanson dansée.

FORTUNETTE et LE CHŒUR, pendant la danse.

Ah! ah! ah! ah!
De quoi riez-vous, ma Rosette ?
Rosette, de quoi riez-vous ?
Ah! ah! ah! dites-le nous...
Ma jambe dont je suis coquette,
Ne l'a même pas intrigué !
Je ris d'avoir passé le gué
Avec un amoureux trop bête !
Ah! ah! ah! ah!

II

— De quoi riez-vous, ma Rosette ?
Rosette, de quoi riez-vous ?
— Ah! ah! ah! ah! Dites-le nous !
— J'avais ouvert ma collerette,
Il m'a baisé le bout des doigts !
Je ris d'avoir passé le bois
Avec un amoureux trop bête !
Ah! ah! ah! ah!

Elle vient tomber dans les bras de Calendal.

CALENDAL, la repoussant violemment.

Courtisane maudite, arrière ! car j'admire
Ma patience et ton audace !

FORTUNETTE.

Quel délire ?

CALENDAL, à Fortunette.

Va, je te connais bien, fille sans cœur ni foi !

Dans nos landes jadis tu paissais tes cavales...
Et de te voir régner sur d'infâmes rivales...
Ta mère est morte !...

FORTUNETTE, épouvantée.

Ciel !

CALENDAL.

Et de honte de toi !

FORTUNETTE.

Ma mère !...

CALENDAL, à voix basse.

J'ai fermé ses yeux !

FORTUNETTE.

Malheur sur moi !

CALENDAL, éclatant.

Mais vous tous...

LE COMTE.

Insensé !

CALENDAL.

Non, c'est trop de souillure,
Par le ciel ! Trop longtemps j'ai dévoré l'injure !

Éclatant.

Honte et rage !.. Aux sommets du mont Gibal, bandit,
L'épouse, ange du ciel, traînerait sa misère,
Et toi, l'indigne époux, toi, voleur et faussaire,
Impuni, tu vivrais dans le crime, et maudit !...

LE COMTE, fiévreusement.

Aux sommets du Gibal ? Je vais laver ma honte !

CALENDAL.

Si tu n'es pas un lâche, comte !

ENSEMBLE.

CALENDAL.

En duel je te provoque,
Que le fer s'entrechoque,

Dieu conduira les coups !
Sans crainte ou félonie
Jusques à l'agonie
Séveran, battons-nous !

LE COMTE.

D'un fou qui le provoque
Que tout autre se choque,
Je ris de ton courroux !
Debout, ma compagnie !
Mais de son agonie
Je veux le soin jaloux !

FORTUNETTE et LES COURTISANES.

Le malheureux provoque
Notre maître et se moque
De son juste courroux !
Je tremble pour sa vie
Expiant sa folie.
Il mourra sous leurs coups !

LES ESTAFIERS.

Il menace et provoque !
Le Dieu vain qu'il invoque
Fléchira devant nous !
Traître, il nous faut ta vie :
Expiant ta folie,
Tu mourras sous nos coups !

—Combat. Vaincu par le nombre, Calendal est désarmé et terrassé.

BOUCARN.

Victoire !

CALENDAL.

Oh ! ciel ! blessé !

LE COMTE.

La mort au téméraire !

TOUS.

La mort ! La mort !

FORTUNETTE, épouvantée.

La mort! à lui!...

Haut.

Qu'allez-vous faire?
Et voulez-vous d'un coup finir tous ses tourments?

LE COMTE.

Tu dis vrai! Ta haine m'éclaire!
Qu'on le réserve à d'autres châtiments!

A Fortunette.

Il t'offensa, je te le livre,
Venge ton offense à plaisir!
Mais laisse-le vivre
Pour le laisser souffrir!...
Aux sommets du Gibal!... as-tu dit?...

A ses estafiers.

Vous, en selle,
Mes compagnons! et sus à l'infidèle!

CALENDAL, entraîné sur un signe de Fortunette.

Ah! soyez tous maudits!...

FORTUNETTE, bas.

Tais-toi!
Je te sauve!... et vous, Dieu clément, pardonnez moi!...

Le comte part, suivi de quelques estafiers. — D'autres entraînent
Calendal, guidés par Fortunette. — Le plus grand nombre se
remet à boire — Tumulte, orgie.

Rideau

2

ACTE QUATRIÈME

PREMIER TABLEAU

Intérieur d'une grotte. — Au fond, vers la gauche, l'entrée depuis laquelle le sol descend en pente douce. — Cette entrée est basse et à demi-fermée par des broussailles et des rochers. — La partie supérieure est déchirée çà et là par des crevasses, à travers lesquelles on aperçoit le ciel; l'une d'elles est accessible par un entassement de roches praticables. — Il fait nuit.

SCÈNE PREMIÈRE

DIANE, seule.

Au lever du rideau, elle est étendue dans un lit de feuilles séchées et se lève lentement.

Rien encore!... aucun bruit n'apporte à mon oreille
    L'espoir que désire mon cœur.
Trois jours sont écoulés, trois jours d'ardente veille,
    D'inquiétude et de terreur!
Trois fois à la nuit sombre a succédé l'aurore,
    Et trois fois l'ombre au jour.
        J'attends encore
        Son retour!

Mon Dieu, sur les amours fidèles
Si vous daignez jeter les yeux,
Commandez aux anges des cieux
De nous abriter de leurs ailes !

Seigneur, c'est à votre justice
Qu'en appelle mon Calendal
S'il faut que votre bras vengeur s'appesantisse
Sur l'un des deux, soyez propice
Au bien armé contre le mal !

Mon Dieu, sur les amours fidèles
Si vous daignez jeter les yeux,
Commandez aux anges des cieux
De nous abriter de leurs ailes.
Soyez miséricordieux.
Ayez pitié, Dieu bon, de mes terreurs mortelles !

On entend une voix au loin.

O ciel! ne m'abusé-je point?

Bruit de voix plus rapproché.

C'est sa voix que j'entends au loin.

SCÈNE II

DIANE, CALENDAL.

Calendal paraît brusquement à l'entrée de la grotte, épiant d'abord s'il est suivi, puis descend vivement près de Diane.

DIANE.

C'est toi, mon bien-aimé !

ENSEMBLE.

DIANE.

C'est bien toi, douce ivresse,
Toi sauvé du trépas,

Toi vivant que je presse
Sur mon cœur, dans mes bras!

CALENDAL.

Oui, c'est moi, douce ivresse,
Va, nous ne rêvons pas,
Libre encor je te presse
Sur mon cœur, dans mes bras!

CALENDAL, s'attachant à son étreinte, avec désespoir.

Repousse-moi! Le nombre a trahi ma vaillance!
Au fond d'un noir cachot les bandits m'ont jeté!
    Fou de douleur, de rage et d'impuissance,
Du ciel ou de l'enfer j'implorais la vengeance
        Et l'enfer m'a seul écouté!
Par pitié pour nous deux la maîtresse du comte
M'ouvrit la prison sombre où ma vie étouffait,
Et ce que je n'ai pu, moi, ton amant, ô honte,
        Une courtisane l'a fait!

DIANE.

Quel qu'en soit l'instrument, bénis la main divine
        Qui vint à ton secours!

CALENDAL.

Le comte vit!

DIANE.

        Son sang n'a pas terni l'hermine
De nos pures amours!

CALENDAL.

Mais sa vengeance te menace,
Sa haine a juré ton trépas!
Mon imprudent défi l'a lancé sur ta trace,
Et ses vils estafiers chevauchent sur mes pas!

DIANE, s'exaltant.

Eh bien donc, nous mourrons! De la montagne altière
        La cime est proche du ciel bleu,
Et nos âmes auront moins de chemin à faire
        Pour s'envoler au sein de Dieu!

CALENDAL.

Chère âme!

DIANE.

Calendal! Je t'aime!
Et cette heure suprême,
Ne la maudissons pas! Tu lui dois cet aveu!

ENSEMBLE.

DIANE.

Je t'aime, douce ivresse!
Que nous fait le trépas?
Calendal, je te presse
Sur mon cœur, dans mes bras!
Elle est à nous cette heure
Où mon cœur aspirait!
Près de toi que je meure,
Je mourrai sans regret!

CALENDAL.

Tu m'aimes, douce ivresse!
Qu'importe le trépas?...
Plein d'amour je te presse
Sur mon cœur, dans mes bras!
Elle est à nous cette heure
Où mon cœur, aspirait!
Près de toi que je meure,
Je mourrai sans regret!

Bruit de pas et de voix au dehors et galop de chevaux.

CALENDAL.

Ecoute, ce sont eux!

SÉVÉRAN et CHŒUR, au dehors.

Que la haine ravive
Le courage et l'ardeur!
Rendez
Rendons   la morte ou vive

A ma
A sa juste fureur !

CALENDAL.

C'est la meute barbare
Que le bandit traîne sur ses pas !... fuis !
Laisse-moi seul !

DIANE.

Jamais ! fuis, reste, je te suis
N'espère pas que je sépare
Ceux que le ciel voulut unir !
A toi seul je me donne et veux appartenir !

CALENDAL, avec chaleur.

Maintenant, mort, tu peux venir !

DIANE, exaltée.

Arbres du mont Gibal, bois de pins, bois d'hyeuses,
Landes tranquilles, cieux, vagues harmonieuses,
Clairs rayons que nos yeux ne verront plus demain,
A l'heure de mourir, et ma main dans sa main,
Je vous prends pour témoins de l'éternel hymen !

CALENDAL, surpris.

Diane !...

DIANE, comme inspirée.

O Dieu du ciel, suprême asile,
Nous n'avons plus d'espoir qu'en ta toute bonté !
S'il faut quitter la terre où ta loi nous exile,
Ouvre-nous de ton ciel l'éternelle clarté !...

CALENDAL.

Ecoute encor ! la chasse
Infâme est en défaut !
Les limiers du bandit ont perdu notre trace
Et si quelque autre issue...

DIANE, lui désignant le passage accessible.

Une seule, là-haut,
Par delà cet amas de ronces et de laves,
Mais étroite et rapide à glacer les plus braves !

CALENDAL.

Tu m'y suivrais ?

DIANE.

Mourir pour mourir, j'aime mieux
Mourir dans la lumière et sous l'azur des cieux !

CALENDAL, faisant un mouvement.

Eh bien...

Le bruit extérieur augmente, il s'arrête.

Non ! les voilà !

CHŒUR EXTÉRIEUR.

Que la haine ravive
Le courage et l'ardeur !
Rendez
Rendons   la morte ou vive
A ma
A sa   juste fureur !

CALENDAL.

Notre amour, ô ma sœur, n'a plus rien de la terre !

DIANE.

A toi dans cette vie et dans l'autre, à toi frère !

CALENDAL et DIANE, avec le chœur de coulisse.

O Dieu du ciel, suprême asile,
Nous n'avons plus d'espoir qu'en ta toute bonté !
S'il faut quitter la terre où ta loi nous exile,
Ouvre-nous de ton ciel l'éternelle clarté !

En apercevant le comte, Diane et Calendal se retirent à l'écart.

SCÈNE III

Les Mêmes, LE COMTE, Un Estafier.

LE COMTE, paraissant à l'entrée de la grotte avec un estafier.

Va ! Je suffirai seul à fouiller ce repaire,
Où Diane à mes mains cherchant à se soustraire

Peut-être espéra se cacher !
Toi, prends deux compagnons et des forêts prochaines
Allumant les genêts, les sapins et les chênes,
Faites de la montagne un immense bûcher !

Sort l'estafier.

LE COMTE, descendant.

Enfer ! Moi, Sévéran, le bandit, l'invincible
Voué cent fois à l'échafaud !
Je m'avouerais vaincu ? C'est impossible !
Non ! morte ou vive il me la faut !

Remontant et apercevant Diane d'abord.

Elle ! Elle enfin ! Je triomphe !

CALENDAL, se montrant.

Peut-être !

LE COMTE.

Lui ! malédiction !

CALENDAL.

Tu ne m'attendais pas !

LE COMTE.

Ils t'ont donc laissé fuir ! mais, traître,
Tu n'as que reculé l'heure de ton trépas !

Remontant au fond.

A moi, compagnons !

CALENDAL, court lui barrer le passage.

Non ! n'appelle pas ! non, lâche !
N'appelle pas à l'aide où ta valeur suffit !
Tu sus te dérober à mon premier défi,
Mais le ciel me devait de reprendre ma tâche !

LE COMTE.

Insensé !

DIANE.

Calendal !

CALENDAL, dégainant.

Allons ! l'épée au poing,

Bandit ! seul à seul, face à face,
Duel à mort sans quartier ni grâce,
Diane pour enjeu, pour juge et pour témoin !

LE COMTE, dégainant aussi.

Eh bien, à ma fureur vous n'échapperez point !

Ensemble.

CALENDAL.

Dieu qui protégeais sa race
En tes mains je remets mon sort,
Pour elle, fais-moi cette grâce
Que je l'arrache à cette mort.

LE COMTE.

Ne crois pas que ta folle audace
M'arrête et change votre sort !
De la dague qui vous menace,
Tous deux n'attendez que la mort !

DIANE.

Mon Dieu, protégez son audace !
Comme il est vaillant qu'il soit fort !
Mais, s'il meurt, faites-moi la grâce
Que je le suive dans la mort !

LE COMTE.

Au plus fort donc !

DIANE.

Combats ! je prie !

Le combat s'engage.

Mon Dieu ! Jésus ! Marie !
Archange saint Michel, intercédez !...

On entend crépiter au dehors l'incendie ; on voit des lueurs rou-
ges à travers les crevasses, à l'entrée de la grotte. — Le
combat s'arrête.

DIANE.

Grand Dieu !

Ces bruits... et ces lueurs sinistres... c'est le feu !

CALENDAL.

Le feu !

LE COMTE.

Mes estafiers ont servi ma furie !

Triomphant.

Oui, le feu, chevalier ! Oui, princesse des Baux,
Satan, pour votre hymen, allume ses flambeaux !
Brûlez, taillis, flambez, broussailles !
Souffle, mistral ; mugis, désert !
Pour la nuit de vos épousailles
Voici ma torche et mon concert !

Ensemble.

CALENDAL et DIANE.

O Dieu du ciel, suprême asile,
Nous n'avons plus d'espoir qu'en ta toute bonté,
S'il faut quitter la terre où ta loi nous exile,
Ouvre-nous de ton ciel, l'éternelle clarté.

LE COMTE.

Fallait-il voir, rage inutile !
Sur ce rocher maudit se briser ma fierté ?...
Seconde, ange du mal, ma vengeance stérile,
Et prends-moi, contre Dieu, comme toi révolté !

DIANE, à Calendal.

Fuyons !

Elle l'entraîne vivement vers les rochers du fond.

LE COMTE.

Où cours-tu, traître ?

CALENDAL.

Arrière !

*D'un coup d'épée il désarme le comte et s'élance sur les rochers
après Diane.*

LE COMTE.

A moi, bandits !

DIANE et CALENDAL.

Sauvés!

Ils ont gravi les derniers rochers et disparaissent. Comme un éboulement se fait derrière eux, qui ferme le passage.

LE COMTE.

Sauvés?... Non!... Si!... la retraite est fermée.

Courant à l'entrée.

L'entrée?...

Il recule.

Ah! un brasier!... les flammes!... la fumée! Et l'avalanche!... Enfer!... Soyez tous deux maudits!

Il tombe à l'entrée de la grotte.

Le théâtre se remplit peu à peu d'une épaisse fumée qui finit par masquer complétement le décoration. — L'incendie croît d'intensité. — Rumeurs, éboulements de rochers. Orchestre.

. . . .

Puis les coups répétés d'une cloche lointaine, des voix confuses d'abord et qui peu à peu se rapprochent, se font entendre...

Calme, apaisement, revenant peu à peu.

La fumée se dissipe et laisse voir::

DEUXIÈME TABLEAU

Le décor du deuxième acte dont la végétation est à demi calcinée. — Des lueurs se font encore voir par intervalles. Le théâtre est plein de gens parmi lesquels on reconnaît les chasseurs du deuxième acte. — Tout le monde, armé de pics et de haches, achève de maîtriser l'incendie qui s'apaise de plus en plus. — Calendal, sur une petite éminence, haletant, défait, soutient Diane évanouie dans ses bras.

SCÈNE PREMIÈRE

DIANE, CALENDAL, Chasseurs du Deuxième Acte,
Hommes, Femmes, FORTUNETTE, cachée dans la foule.

LE CHŒUR, encore invisible.

Alerte! à l'aide!
Travaillons fort!
La flamme cède
Sous notre effort!

LA VOIX DE FORTUNETTE.

Que le feu dévore les cimes,
Mais sauvons du moins les victimes!

LE CHŒUR.

Taillez! Coupez! brisez! Cognez fort! frappez fort!

La fumée se dissipe.

CALENDAL.

A moi, vous!

LE CHŒUR, visible.

Victoire! Victoire!
Sauvés! Loué soit Dieu!

CALENDAL.

Les bandits?

LE CHŒUR.

Dispersés!

CALENDAL.

Le comte?

LE CHŒUR.

Mort!

CALENDAL.

Le feu?

ACTE QUATRIÈME

LE CHŒUR.

Maîtrise !

CALENDAL.

Gloire à vous, mes amis !

LE CHŒUR.

Non !... la gloire
A celle dont la main réveilla le beffroi !

On amène Fortunette.

CALENDAL.

Fortunette ?

FORTUNETTE.

Moi !
J'ai commencé mon œuvre expiatoire.
Soyez heureux !... Je vais prier pour elle et toi !

Pendant ce qui précède, le jour a paru peu à peu, grande clarté... Diane s'est ranimée et sourit à Calendal agenouillé devant elle.

CHŒUR.

Au plus valeureux la plus belle,
Retentis, hymne nuptial !
Plantons le Mai pour Estérelle !
Plantons le Mai pour Calendal !

Rideau.

Imprimerie Générale de Châtillon-sur-Seine. — PICHAT ET PÉPIN.

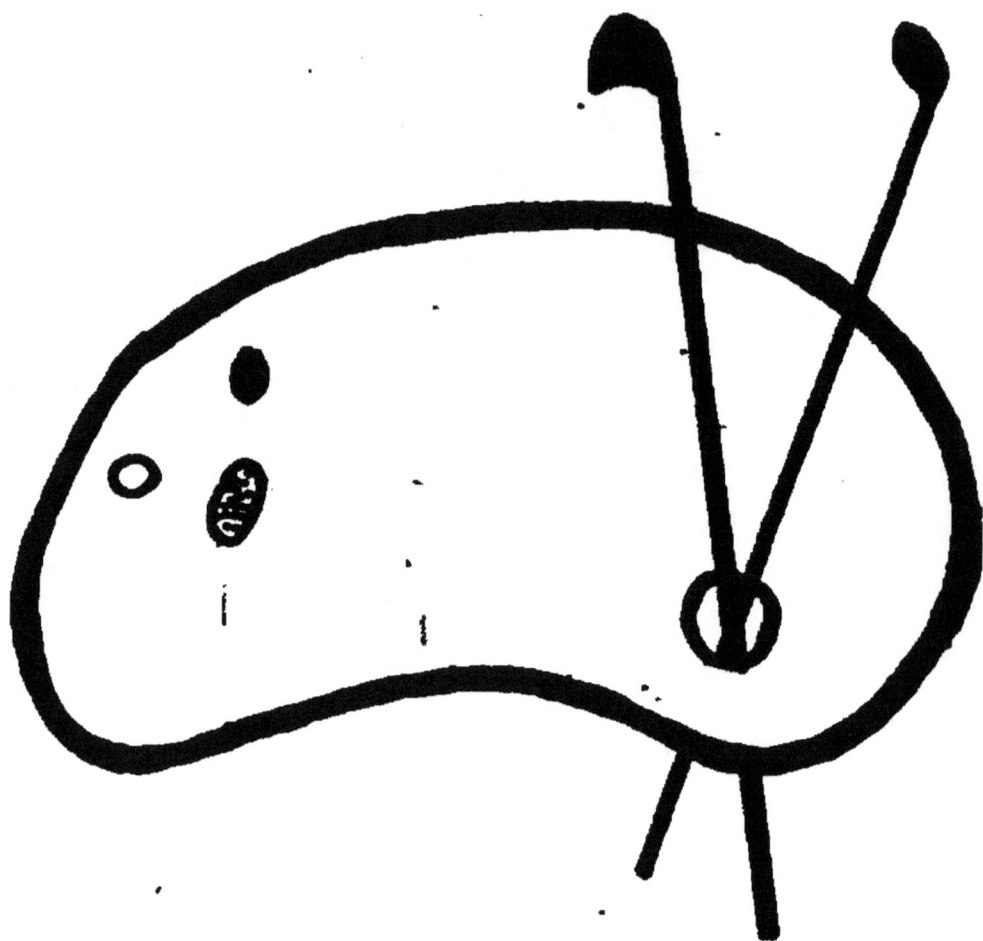

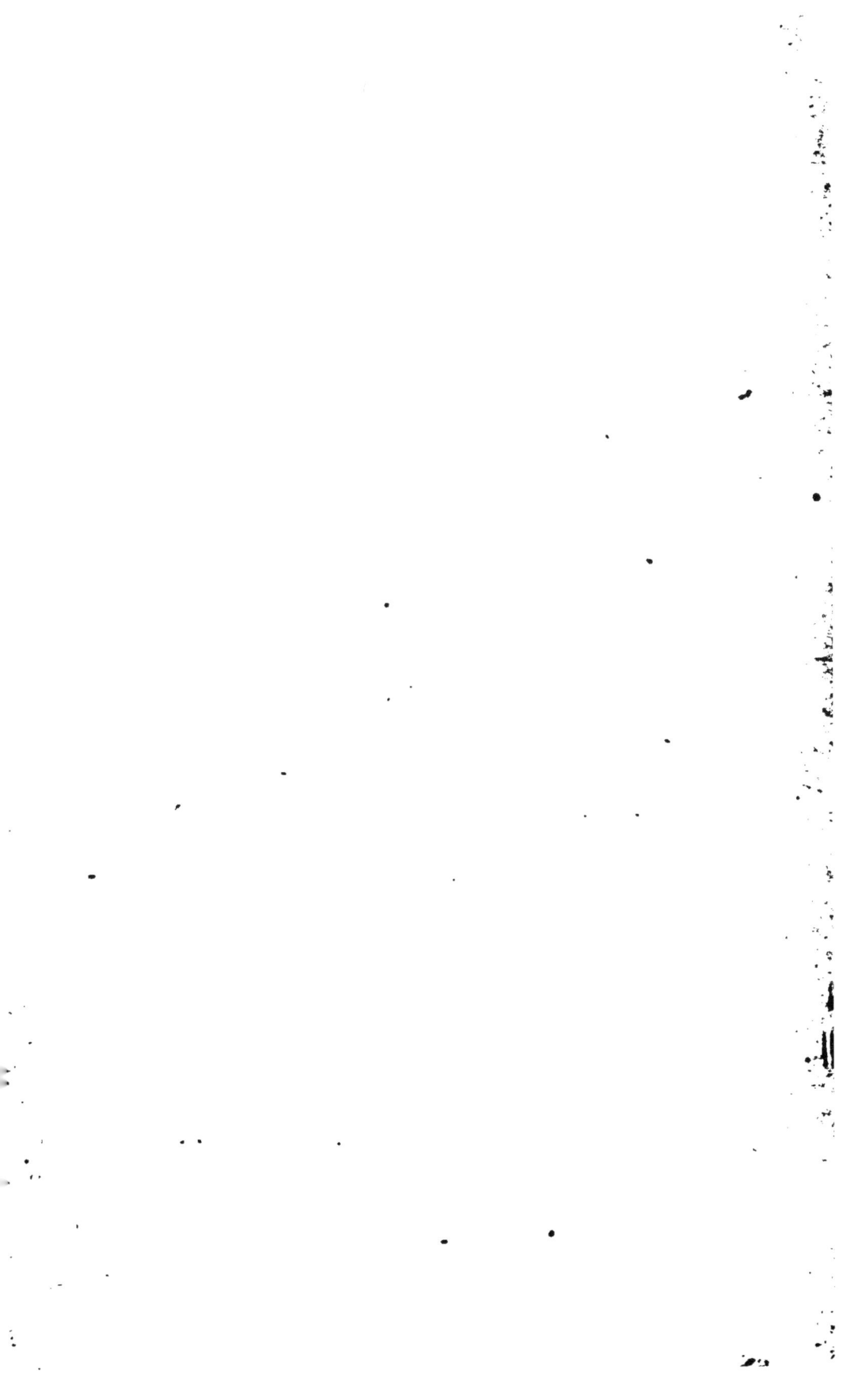

www.ingramcontent.com/pod-product-compliance
Lightning Source LLC
LaVergne TN
LVHW022142080426
835511LV00007B/1218